# 매우 특별한 순간들

평범한 일상은 기록으로 특별해진다

# 매우 특별한 순간들
평범한 일상은 기록으로 특별해진다

**초판 1쇄 발행** 2022년 11월 30일

**지은이** 서효정
**펴낸이** 장길수
**펴낸곳** 지식과감성#
**출판등록** 제2012-000081호

**교정** 이혜지
**디자인** 김찬휘
**편집** 김찬휘
**검수** 정은솔, 이현
**마케팅** 고은빛, 정연우

**주소** 서울시 금천구 벚꽃로298 대륭포스트타워6차 1212호
**전화** 070-4651-3730~4
**팩스** 070-4325-7006
**이메일** ksbookup@naver.com
**홈페이지** www.knsbookup.com

ISBN 979-11-392-0789-7(03810)
값 14,000원

- 이 책의 판권은 지은이에게 있습니다.
- 이 책 내용의 전부 또는 일부를 재사용하려면 반드시 지은이의 서면 동의를 받아야 합니다.
- 잘못된 책은 구입하신 곳에서 바꾸어 드립니다.

지식과감성#
홈페이지 바로가기

하루가 참 평범했습니다.
기록을 시작했습니다.
그러자, 일상이 매우 특별해지는 마법을 봅니다.

# 매우 특별한 순간들

평범한 일상은 기록으로 특별해진다

서효정 지음

지식감정

시작

하루가 참

평범했습니다

기록을 시작했습니다

그러자

:

:

일상이

매우 특별해지는

마법을 봅니다

# 목차

시작 4

1. 미래 7

2. 가치 27

3. 존재 49

4. 정의 87

5. 사랑 127

끝맺음 137

# 1
## 미래

현재에서 미래를 봅니다

## 웰다잉

저는 병원에서 일을 했습니다. 그래서 사람들의 임종을 간혹 보곤 했습니다. 현장에서 직접 임종의 순간을 대면하거나, 병원차트를 통해 임박했던 그 순간을 읽어 내기도 했습니다. 대부분의 사람들은 병들어 죽는 과정이 그다지 행복하지 않았습니다. 심지어 의료진들은 환자가 삶을 마감하는 순간까지도 환자를 더욱 불편하게 해야만 했습니다.

웰다잉은 참 중요한 일이지만 아직은 사람들이 크게 관심을 갖고 있지 않는 분야입니다. 제가 하고 있는 일은 웰빙과 웰다잉을 추구하는 것입니다. 그래서 관심을 가지고 선택한 일입니다. 우리의 삶이란 매일의 웰빙이 모여 웰다잉이 되는 것입니다.

저는 제 꿈을 이루는 삶을 통해 타인들의 삶도 웰빙, 웰다잉이 되기를 바라며 하루하루를 살고 있습니다. 짧은 휴가 기간이 있었습니다. 그동안 글을 쓰고 쉰 덕분에 지친 마음이 회복되었습니다. 그래서 더욱 많은 꿈을 꿀 수 있게 되었다고 생각합니다.

휴식은 미래를 위해 꼭 필요합니다.

**꿈을 꿉니다**
**휴식은 미래의 힘입니다**

## 왕년에 잘했다는 말

아이들이 사회, 국사, 세계사 퀴즈를 내면서 서로 문제를 풀고 있습니다. 그런데 저는 하나도 기억나는 것들이 없습니다.

저는 지금 하고 있는 일 말고는 일반적인 지식이 거의 없다시피 합니다. 그래서 '왕년에 공부했는데, 잘했는데'라는 말이 부질없게 느껴집니다.

지금도 꾸준히 관심을 가지고 알려 하지 않는다면 과거에 알았던 지식은 사라지고 '라떼는 말이야~'라고 말하는 초라한 사람만 남을 수밖에요.


**부질없는 말**
'라떼는 말이야'가 공감 못 받는 이유
무식을 깨닫는 순간

## 최근 놀라운 일

하나. 새벽 6시 조금 넘어 서울로 가는 광역버스를 탔습니다. 그런데, 버스에 빈자리 없이 사람들로 가득 차 있었습니다.

둘. 2020년 집값이 2021년, 2022년에는 전세가가 되어 버렸습니다. 놀랐습니다.

셋. 사람들이 투자가 인생의 답이라며 빚투(빚내서 투자)를 합니다. 그러다, 어느 날 주식과 비트코인이 망했다며 울상 짓고 있습니다.

넷. 코로나19 장기화로 대면 문화에 흥미를 못 가지는 아이들이 많이 늘어났습니다.

다섯. 어떤 일을 하는데 됩니다. 참 당연한데 실현이 되는 걸 보니 놀랍습니다.


문득 놀라운 일들

## 무지와 두려움의 관계

아무것도 모를 때는 무엇이든 다 할 수 있을 거라 믿었습니다.
조금 알고 나니 잘난 척을 하고 있습니다.
중간쯤 알게 되니 근심 걱정이 가득합니다.
조금 더 많이 알게 될수록 위기가 명확하게 구분되어 극도의 공포를 경험합니다.

그리고 두 가지 중에 선택해야 합니다.

포기하고 도망가거나
혹은 끝까지 책임지거나.

포기하고 도망가면 완결성을 얻지 못합니다.
끝까지 남아서 도전을 하면 고통과 함께 위기를 만납니다.

그러나 그 위기를 이겨 내고 보완한다면 가장 궁극의 완결성을 얻을 수 있습니다. 그 고통의 가장 핵심은 자신을 이겨 내야 한다는 두려움입니다. 궁극의 두려움을 극복할 수 있느냐 없느냐는 자신도 알 수 없는 대단한 도전입니다.

두려움의 기승전결
두려운 대상은 자신인가 봅니다

## 저축

매일
좋은 마음과
건강한 행동습관을
저축해 보아요

오늘이 미래입니다


**저축, 어렵지 않아요**

**똑똑한 사람**

똑똑한 사람은 자신이 할 수 있는 일과 할 수 없는 일을 명확히 압니다
그리고 할 수 없는 일에만 빨리 도움을 청합니다
대부분 사람들은 일을 미루기 위해 타인의 도움을 청합니다


**똑똑하게 일하는 사람이 되는 길**

## 이번 생

이번 생에는
안 해 본 일이
없을 정도로
많은 경험을 했습니다

너무
다양한 일들을 접해서
제가 만약
목성에 가게 된다 하더라도
놀랍지 않을 것 같습니다!


**인생
이럴 줄 몰랐어요**

## 일 끝났어?

"엄마 일 끝났어?"

아들 준우가 물어봅니다

"아니, 일은 끝나지 않아. 그냥 끊는 거야."


**미래의 시간은 조절하는 거야**

## 다이어리

하루를 열심히 살면 1년을 열심히 살게 됩니다


삶은 하루하루의 누적

## 일등과 천재

일등이란 현재에서 제일 잘하는 사람입니다
천재란 세상을 바꾸는 사람입니다


사람들은 현재에 만족하려고 합니다

## 행복 기록

1년 전
2년 전
3년 전
10년 전
20년 전
30년 전
더 전

행복한 기억을 기록하지 않았습니다
지난 일기장에는 슬프고 억울한 일들뿐이었습니다

행복은 연습입니다
오늘도 행복한 기억을 +1 저장합니다


**행복을 기록합니다**

## 기승전결

근본을 잊은 자에게
미래는 없고
고마움을 잊은 자에게
다음은 없습니다

세상은 언제나
더 깨달은 자의
양보에 의해
긴장을 해소해 왔습니다

**선구자분들께 감사합니다**

## 예뻐지고 싶은 사람

많이 예뻐지고 싶은 사람은
성형수술을 합니다

조금 예뻐지고 싶은 사람은
피부과 시술을 받습니다

아무도 모르게 예뻐지고 싶은 사람은
좋은 책을 읽습니다


**아무도 모르게 예뻐져도 괜찮아요**

## 학이시습지 불역열호學而時習之 不亦說乎

〈학이(學而)〉
자왈 "학이시습지, 불역열호?
유붕자원방래, 불역락호?
인부지이불온, 불역군자호?"

子曰 "學而時習之, 不亦說乎?
有朋自遠方來, 不亦樂乎?
人不知而不慍, 不亦君子乎?"

공자께서 말씀하셨습니다. "배우고 때때로 그것을 익히면 또한 기쁘지 아니한가? 친구가 먼 곳으로부터 찾아온다면 또한 즐겁지 아니한가? 남들이 알아주지 않더라도 성내지 않는다면 또한 군자답지 아니한가?"라고 말입니다.

그런데 실상은……
중학생 14세 때 저는 다음과 같은 글귀를 적었습니다.

1. 배우고 때때로 익히면 힘들다.
2. 친구가 먼 곳에서 찾아오면 계속 놀고 싶다.
3. 남들이 알아주지 않으면 짜증난다.

군자가 되는 길이 어렵다는 것을 느낍니다. 그래도, 14세보다는 성장했나 봅니다.


**같은 글귀 다른 느낌**
**시간이 흐른다는 것**
**공자 씨 좀 깨달으신 분**

**별거 아냐**

애벌레가 죽었다고 생각한 순간 나비가 된다
-속담-

스스로가 아무것도 아니라고 생각한 순간
진정한 자아를 발견한다

**자아를 찾아서**

**냉장고**


오래 보면 썩어 있습니다
오래 보지 말아요


**장소와 물건
참 중요합니다**

# 2
# 가치

## 가치를 만드는 사람이 되어 보아요

## 고마운 말

누군가

"꽃길만 걸어도 되는 인생인데
사서 고생하시는군요.
무엇을 도와줄까요?"

하십니다

감동이 왈칵 살 만한 세상입니다


**감동의 기록**
**감동은 가치다**

## 훌륭한 일이란

훌륭한 일이란
일을 하는 매 순간
배움이 더해집니다

평범한 일이란
일을 진행하는 동안
아무런 배움이 없습니다

### 배움의 가치

## 기대와 실현

"기대할 때 오르고 실현되면 떨어집니다"


욕망으로 세상을 보면
진정한 가치를 볼 수 없나 봐요

## 좋아요

시간이 날 때마다
자신이 하고 있는 일이
무엇인지 살펴봅니다

그 일이 바로
당신이 좋아하는
일입니다


저는 글쓰기가 좋아요

## 평가

보통 사람은
자신을 과대평가하고
타인은 과소평가합니다

자기 스스로만
인정을 받고 싶어 하는데,
인정받는 방법이
참 주관적입니다

그래서
보통의 우리는
마음을 다 채울 수가
없습니다

**과대평가는 공허를 만든다**

# 돈

돈을 버는 사람은
돈을 아끼며 쓰고
돈을 안 버는 사람은
돈을 막 쓴다


**돈은 벌어 봐야 합니다**

## 책임

일을 많이 하는 사람일수록
더 많은 문제에 직면합니다
문제는 책임을 부릅니다
아무 일도 하지 않는 사람은
책임질 일이 전혀 없습니다


**책임지는 사람이 되어요**

## 집을 호텔처럼 바꾸는 방법

침대 시트와 침대 덮개를 바꾸었습니다
침구가 깨끗해졌을 뿐인데
방이 호텔처럼 바뀐 기분이 듭니다

**청소가 답입니다**

## 사람

사람은 두 가지로 나뉩니다

일을 하는 사람과
일한 사람에게 빨대 꽂고 사는 사람


세상은 두 부류
가치를 창출하는 사람과
남의 가치를 먹고 사는 사람

## 시간

시간은 우리를 배반하지 않습니다
지금 이루지 못한 것이 있다면
아직 그 시간에 다다르지 못했기 때문일 겁니다


**노력의 법칙**

### 모두까기 인형

무에서 유를 만드는 일과
유를 까는 일 중
뭐가 더 쉬울까요?


**가치를 창출하는 사람이 필요한 사회**
**많이 까면 아파요**

**빡**

빡칠 땐,
쉬어야 합니다


**너무 힘들면 쉬어요**

## 젊은 여자

"몇 살이세요?"
제 나이를 들은 상대방은 제법 많은 제 나이에 놀랐습니다.

"저는 나이를 먹어서 좋습니다."

해를 더해 갈수록 경력과 경험이 느는 자신에게 만족스럽습니다. 비록 늙어 가기는 해도 얻는 것이 더 많으니까.

이 세상은 여성에게 젊고 아름다움을 기대합니다. 그래서 여자가 30살이 넘으면 계란 한 판이라 비하하고, 40살이 넘으면 가임기를 넘었다며 호들갑을 떱니다. 마치 여성이 과일인 양 신선도가 있는 상품처럼 여기기도 합니다.

젊음은 사라질 것이 분명한 감가상각의 위험 요소입니다.
그러니 더욱 젊음을 넘어서는 개인의 내재가치가 필수요소가 아닐까요?

**젊음보다 아름다운 가치**
**내재가치를 발굴해 보아요**

## 정량적 세상

주판알 튕기는 세상에서 모든 가치는 정량적으로 평가됩니다
하지만 가장 숭고한 것에는 정성적인 평가가 필요합니다

깊이 있는 경험
의미 있는 전문지식
신뢰를 줄 수 있는 정직함
문제 해결 능력
순수하고 따뜻한 마음


돈 벌어 오면 다 되는 세상 말고
정성가치도 인정받는 세상이 되길 바라요
그런 세상 쉽지 않지만요

## 모두의 미녀

청소년기에 저는 미녀가 되면 모든 사람들이 다 저를 사랑하고 아름답다고 칭찬해 줄 거라 믿었습니다. 그래서 미녀로 태어난 사람을 좀 부러워하기도 했습니다.

나이가 들어 보니 사람들의 개인 취향이 몹시 다른 것을 알게 되었습니다. 생각보다 개개인의 미의 기준은 참 많이도 달랐습니다.

이럴 수가!

개인의 취향이 이렇게 다르다는 것을 어릴 적부터 진작 알았더라면…….

청소년기에 좀 더 자신감을 가지고 살았을 텐데 말입니다. 불만 가득했던 지난 시간이 아쉬워집니다. 세상에 다르다는 것이 얼마나 아름다운지! 우리는 누구나 사랑하고 사랑받을 수 있는 소중한 존재입니다.

**획일적인 기준에 자신을 맞추지 말아요**

위로


가끔 자신을 위로해 주세요

잘 살고 있습니다

## 욕

누가 욕하면
욕 값을 받도록 하세요
욕 값이 적정치 않으면
받은 욕은 다시 돌려주세요


**욕에도 가치와 이유가 있어야 해요**

## 부자

시간 부자가 진짜 부자입니다

**저는 시간 부자가 참 부러워요**

## 명품

사람이 몸에
두를 수 있는
가장 비싼 명품은
젊음입니다

하지만 젊음이란
시간이 지나면
사라집니다

사람이 몸에
지닐 수 있는
또 하나의
값비싼 명품은
젊은 생각입니다

이 생각에는
배움이라는
노력이 필요하며
계속 갈고 닦아야 합니다

**명품을 유지하려면 갈고 닦아야 합니다**

# 3
## 존재

당신이 있어서 참 좋습니다

## 생명력

'설마 내가 키우는 식물이 살겠어?'

'아마 얼마 못 갈 거야.'

'이번에도 죽으면 집의 화분을 싹 다 치워야지.'

이런 마음으로 대충 키웠습니다. 심지어 물도 깜빡합니다. 언제 죽을지 몰라 살펴봅니다.

'......'

놀랍게도 우리 집 식물은 강력한 성장을 합니다. 저의 힘든 환경이 식물에 더 강인한 생명력을 불어넣어 심지어 꽃을 피우게 합니다.

**설마 했던 꽃**
**내가 졌소**

**평범한 사람**

평범한 사람들은 도와주지 않습니다
이유가 없으니까요

특별한 사람들은 이유가 없지만 도와줍니다
도울 수 있으니까요

**도와줄 수 있는 사람이 많은 세상은 특별한 세상입니다**

## '되면 한다'와 '하면 된다'

'되면 한다'는
남이 해 놓으면
숟가락 올리는 사람입니다

'하면 된다'는
진짜 하는 사람입니다


**진짜 하는 사람이란 '하면 된다'를 보여 주는 사람입니다**

## 너 자신을 알라

아들, 준형이의 방을 보고 잠시 눈앞이 아득해졌습니다. 정말 어수선하고 물건이 많았습니다. 아들 방을 정리하다 보니 슬슬 화가 치밀어 오릅니다.

그러다 문득

'아차!'
싶습니다.

제 방으로 들어와서 화장대를 열어 봅니다. 쓰레기통이 따로 없습니다. 아들보다 더합니다. 아들 책상을 정리할 때가 아닙니다. 어찌나 쓰레기가 많은지 50L 봉지를 빠르게 채웁니다. 그러다 주변을 둘러보니 여기저기 제가 양산한 쓰레기가 가득해 보입니다.

쉬는 날이 되면 집에 물건이 너무 많아서 정리를 할까 하다가 짜증만 나곤 했습니다. 오늘도 집 정리를 하다가 엄한 아들을 잡으며 잔소리를 할 뻔했습니다만……

이내 정신을 차립니다.

타인을 지적하기 전에 '너 자신을 알라'를 해야겠습니다.


**소크라테스 님을 가까운 곳에 두어 보세요**

## 모자란 사람들

아는 분이 자신의 모자람을 부끄러워했습니다.
저도 말합니다.

"저도 모자라요. 0.6인 사람끼리 모여서 1.2 해요~"

좀 모자라면 힘을 합치면 됩니다. 일당백은 어렵지만 0.6을 167명쯤 모으면 백이 됩니다.


**뜻 있는 곳에 사람 있다**
**모자라도 괜찮아요**
**한 걸음씩**

## 착각

나이가 든다고
철이 드는 것은
아닙니다

철이 든 사람 중
나이 많은 사람을
만난 것뿐입니다


**나이의 오류**

## 상가 공실

코로나19가 깊어질수록
1층의 큰 음식점들이
사라져 갑니다

너무 올라 버린 임대료와
오르지 않는 매출의 줄타기가
끊어진 것을 봅니다

공실이란 그런 느낌

**코로나19 바이러스가 삶을 정지시켜 버렸습니다**

## 개발자

의약품, 식품, 화장품, 의료기기, 전자제품, 생활용품 등의 주의사항을 흥미롭게 읽습니다. 예전 같았으면 아무 감흥이 없을 글들입니다. 개발자가 되어 보니 글의 행간을 읽는다는 것이 무엇인지 알게 됩니다.

그 문장을 언급하기 위해 얼마나 많은 시험이 시행되었을까 생각해 봅니다.

오늘도 저는 수고로운 글들을 읽습니다.


**세상에 저절로 되는 일이란 없습니다**

## 집 크기

집이 커지는 순간이 있습니다

〈청소할 때〉

청소가 끝나고 나면
……
집은 바로 작아집니다

아인슈타인의 상대성이론은
속도나 시간에만 국한된 것이 아닌
일반론입니다

**남의 떡이 더 커 보인다는 상대심리론**

# 출근

어떤 휴일 기간 동안은 저를 위한 시간이 없었습니다. 출근하니 좋습니다.

**엄마에게 출근이 필요한 순간**

## 벤자민 버튼의 시간은 거꾸로 간다

사람은 태어나서 자라고 다시 어린아이처럼 노화가 됩니다. 영화 〈벤자민 버튼의 시간은 거꾸로 간다〉에서 벤자민은 나이가 들며 신생아의 모습으로 변합니다. 기억을 잃고 기능을 잃는 모습이 나옵니다.

그 모습은 마치 치매가 드는 일상을 이야기하는 것 같습니다.

**치매란 다시 신생아가 되는 길**

## 슈뢰딩거의 고양이

우리 집 아이들은
매 순간 공부하려는 상태와
공부하지 않으려는 상태가
중첩되어 있습니다

아빠가 보는 순간
공부하지 않고 있는 상태로 확정
되는 것을 볼 수 있습니다

**물리학 법칙은 가까운 곳에 산재합니다
아이들의 상태만 보아도 입자세계가 보이니까요**

## 진정한 도움

더 돈이 많으면 도울 수 있는데……
더 능력이 좋으면 도울 수 있는데……
더 높은 지위가 있으면 도울 수 있는데……
라고 자신을 채근하지 말고
현재 내가 가진 능력과 수준으로
할 수 있는 일에 집중해 봅니다
그것이 세상을 돕는 길입니다


**현재 할 수 있는 일에 집중해 보면 세상을 도울 수 있어요**

## 남 탓

평범한 사람들은 언제나
남 탓할 거리를 찾고 있습니다


**오늘도 너무 평범했습니다**

**코로나19**

코로나19로 인해
사람을 대면하는 것이
데면데면해졌습니다


**이번 생에 만난 줄 몰랐어요**

## 젠 체 있는 체 알은 체

사람들은 상대방이 누구인지 관심 없이
젠 체 있는 체 알은 체하곤 합니다
사실 계급장 떼고 밖에서 만난다면
그들은 그저 무명의 아줌마 아저씨일 뿐입니다


**너 자신을 알라**

**전염병 시대**

타인의 건강이
나의 기쁨이 되는 시대


코로나19는 강제 이타주의를 만들어 냅니다

## 거만

작은 물에서
놀던 사람이
더 거만하더라

**거대함을 알면 겸손합니다**

# 꽃

꽃이 부럽습니다
누구나 예쁘다고 말하니까요
사람의 외모는 개인의 취향이지만
꽃은 예쁘지 아니한 것이 없습니다


**범용적인 미의 가치**

## 위기

위기가 오면
사회악은 더욱
두드러집니다


힘들 때 나쁜 사람이 더 많아져요
좋은 세상을 만들어야 하는 이유

**위험**

보이는 것보다
보이지 않는 위험이
더 큽니다


보이지 않는 것을 볼 수 있는 능력의 가치

# 몸

현재의 몸은
살아온 지난 시간을
모두 담고 있습니다


**몸으로 말해요**

**직장인이 직장을 힘들어하는 이유**

자기 주도권이 없기 때문입니다

주인 의식은 아무에게나 생기지 않습니다

## 마음의 병이 더 무서운 이유

보이는 병에 걸리면
병에 걸린 것을 인정하지만
보이지 않는 병에 걸리면
자신의 병을 인정하지 않습니다

우리 주위에는
눈에 보이지 않는 병에 걸려
주변 사람들을
힘들게 하는 사람들이
참 많습니다


**주변에 진짜 병든 사람들을 살펴보아요**

## 송도

송도에서 길을 걷다 보면
큰 건물들이 매우 가까이에 보입니다.
그런데, 걸어가다 보면 가도 가도
그 건물은 제자리에 있을 뿐
쉽사리 다다르지 못하곤 합니다

마치 신기루처럼
그 건물들은
아스라이 잡히지 않습니다

평탄하고 확 트인 공간에서는
사물이 보이는 것보다 멀리 있습니다


**사물이 보기보다 가깝지 않아요**
**평탄하고 쉬운 길도 가 보지 않으면 다다르지 못할 만큼**
**멀 수 있어요**

## 설레다

원자가 저를 설레게 할 줄 몰랐습니다
새로운 물질을 만났습니다


중성자

## 기억 상대성

그 사람이 기억하는 것을 저는 기억하지 못합니다
제가 기억하는 것을 그 사람은 기억하지 못합니다
누군가의 기억에 제가 들어가 있음을 알 수 없습니다
제 기억에 누군가 들어와 있음을 상대는 알 수 없습니다
기억이란 그렇게 상대적입니다


**기억이란 기대만큼 받을 수 없는 물건이에요**

## 각자의 안경

질문은 상대의 수준을 보여 줍니다.

놀기만 한 사람은 남들이 다 자기처럼 매일 노는 줄 압니다.

"잘 놀다 왔어?"

나쁜 놈 눈에는 다른 사람들이 다 도둑놈입니다.

"얼마나 사기쳤어?"

열심히 일하는 사람들은 남들도 다 열심히 일하는 줄 압니다.

"안 힘들어? 살살해. 죽을 수 있어."

사람들은 각자의 안경으로 세상을 봅니다. 그러니까 가끔 누군가 기분 나쁘게 제게 말을 건넨다면, 거꾸로 그 사람의 삶을 상상해 보게 됩니다. 상대의 삶이 보입니다.

**추측을 해 보아요**

## 빽들의 향연

금수저의 삶에도 경쟁은 있습니다. 그들 간에도 좋은 자리를 두고 권력 싸움을 합니다. 다만 그 싸움은 금수저의 실력과 별개로 금수저 부모의 현재 권력의 싸움이라고나 할까요. 한 금수저가 권력 싸움에서 밀리면 차선에 해당하는 좋은 자리를 받지만 매우 억울해합니다.

금수저를 위협할 만한 실력자들은 그들의 리그에 들어갈 수 없습니다. 그리고 매우 슬퍼하며 묻습니다.

"왜 저는 안 되나요?"

"그들은 실력자를 원하지 않아. 그들은 자리나 차지하며 말을 알아듣고 시키는 것을 따라할 만큼의 사람을 원하지."

시키는 것 이상의 사고가 가능한 능력자는 그들에게 늘 두려운 존재입니다.


**세상이 정체하는 이유**
묶여 있을 땐 망아지인 줄 아는데

풀려나면 망나니로 불립니다
알고 보니 유니콘

## 선택적 분노장애

사람들은
불의는 참지만
불이익에는
반응합니다


사이코패스도 크게 다르지 않습니다
불의에도 관심을 가져 보아요

## 낙원을 찾아

사람들은 피곤하고 어려운 것을 피하고 싶어 합니다. 언제든 좀 더 쉽고 편한 삶을 꿈꿉니다. 어린 마음에 어딘가 낙원 같은 쉬운 인생이 있을 것만 같았습니다. 그런데 그들이 쫓는 그곳에 요행만큼 피했던 피로와 시련이 더 부풀어 나타나곤 합니다.

고난은 피하면 피할수록 눈덩이처럼 커져 버리는 존재인가 봅니다. 고난과 시련은 언제나 우리 인생의 가장 힘든 길목에 서서 사람들을 놀래키려고 호시탐탐 기회를 노리고 있나 봅니다.

만약 고난과 시련을 피하지 않는다면 어떻게 될까요?

그들을 대면해 봅니다. 무섭고 힘든 일을 존재 그대로 바라봅니다. 생각했던 것만큼 힘들고 무섭기도 하고 간혹 생각보다 힘들지 않기도 합니다. 마음속 예기불안이 괴로움의 한계를 올리기도 했습니다. 고난의 현실적인 크기를 측정해 보기 위해 불안에 의한 공포를 뺍니다. 그러면 온전히 고난과 고통의 크기만을 들여다볼 수 있습니다.

직면을 한다고 어려움이 해결되지는 않습니다. 때론 고통을 있는 그대로 느껴야 합니다. 그래도 그곳에는 측정이 불가했던 고난의 크기가 정해지기 시작합니다. 대면한 그곳에, 낙원이 없을지 모릅니다.

하지만 도망친 그곳에 낙원은 확실히 없습니다. 낙원이란 시간의 속성을 갖습니다. 낙원은 어느 순간에만 머무릅니다. 영원히 존재하는 낙원은 불가능하다고나 할까요. 사람의 마음이 영원할 수 없기 때문입니다.

때때로 진실과 대면하면, 낙원이란 존재가 조용히 우리에게 묻습니다.

"잠시 머물러도 될까요?"


**낙원은 시간의 속성
어디에 잠시 머무릅니다**

## 자식

A+B는 AB가 아닌 새로운 화합물 C, D, E, F, G 등입니다. 사람들은 자녀를 보면서 자꾸 자신과 닮은 점을 찾으려 하지만, 자식은 부모와 완전히 다른 새로운 존재입니다.

**찾아도 찾을 수 없는, 있더라도 숨었을지 모를 자신을 찾지 말아요**

## 좋은 사람이란

함께하기만 해도 좋은 사람

인생 짧아요

# 4
# 정의

## 그 이름이 다른 의미로 다가오는 순간

## 삶은 거래다

우리는 매 순간 즐거움과 불편함의 거래를 합니다.

즐거움이 불편함보다 크면 모임에 참석을 하고 즐거움이 불편함보다 작다면 모임에 참석을 하지 않습니다. 불편함을 참고서도 만나야 하는 관계라면 그저 이익을 기대하고 만나야 하는 관계일 뿐입니다.

$$즐거움 > 불편함$$

**만남은 부등식 관계**

## 일과 삶

일과 삶의 균형을 위해
일과 전혀 관련 없는
삶의 시간이 필요합니다

아무 관련이 없는
그곳에서
거대한 통섭이 일어납니다


**일하지 않는 시간은 꼭 필요합니다
제가 글을 쓰는 이유**

## 전문가

전문가는 자신이 전문가라고 생각하지 않고
비전문가는 자신이 전문가라고 생각합니다

**그렇더라고요**

## 공부하다

라틴어로 '공부하다'란 'studere'이며 영어의 'study'가 여기에서 유래했습니다. '공부하다'란 무언가를 간절히 바라며 노력하는 것의 어원입니다. 공부가 갈망이라고 말하면 사람들이 화내겠지요?

**이런 뜻 저런 뜻**
**공부하는 것을 사람들이 좋아하길 바라요**

## 정리와 정돈

정리(整理)란 불필요한 물품이 제거된 상태입니다
정돈(整頓)이란 소통이 가능할 수 있도록 제 위치에 있는 것을 말합니다
아, 저는 한 번도 정리 정돈을 하지 않았나 봅니다


저도 모르는 제 물건을 한번 정리 정돈 해 볼까요?

## 천재

천재(天才)란 선천적(先天的)으로 타고난 뛰어난 재주와 천부의 재능을 말합니다. 서울대병원의 강건욱 교수님께서 이번 생에 천재(天才)는 어렵지만 천재(千才) 정도는 할 수 있겠다는 말씀이 참 와닿습니다. 하늘 천(天)을 일천 천(千)으로 바꾸면 천 가지 일을 처리하는 사람이니까요. 이번 생에 많은 일을 해 보아요.


**부지런하면 될 수 있는 천재(千才)**

## 꼰대

사람들이 노인을 싫어하는 이유는
그들이 비이성적으로 지나치게 고집을 부려서라고 합니다
사실 노인이라서가 아니라 꼰대라서 그렇습니다
젊은 꼰대도 그러합니다


**세상 어디에나 있는 꼰대는 늙기도 혹은 젊기도 합니다**

## 타인과 일을 할 때 힘들지 않는 방법

일을 하다 보면 힘들 때가 많습니다.
그럴 때 '왜 힘들까?'를 생각합니다.

'…….'

사람들에게 많이 기대를 했습니다.

대전제를 세워 봅니다.
1. 사람들은 자신의 이익에 따라 움직인다.
2. 사람들은 이기적이다.

이렇게 생각하고 일을 합니다.

일할 때 사람들이 고마워하지 않거나 자기 일만 챙겨도 당연하다고 생각해 봅니다. 그러자 상처를 받지 않게 되었습니다. 이전에는 쉽게 상처받고 아팠다면, 이후 세상은 온통 더하기가 되었습니다. 더하기 세상에서는 고마운 사람들만이 남게 됩니다.

**더하기 세상을 만드는 것은 쉬워요**

## 면허와 보수교육

방사선 분야 면허 보수교육을 듣고 왔습니다. 이전에 병원에 근무할 때는 대충 때우는 시간이었습니다. 그런데, 산업체에서 근무하다 보니 좀 다르게 보입니다. 강의 하나하나가 주옥같습니다. 강사님이 말하는 사례들이 절절히 와닿습니다. 그리고 저도 실전 체험을 하다 보니 뼈 맞은 기분도 들었습니다.

일을 관리한다.
집을 관리한다.
아이들은 돌본다.

관리란 보이는 것만 모아서 취합하는 게 아니었습니다. 일의 의미를 깊이 알고 미래를 바꾸는 데 있습니다.

마찬가지로 면허란, 어떤 분야의 지식을 가진 사람이 아니라, 그 분야를 더욱 공부해서 좋은 미래 환경을 만들어 가는 사람이어야 합니다.

교육이란 자신의 무지와 무관심을 인지하는 시간입니다. 사람이 가지는 실수를 줄이고 미래 안전을 위해서는 정기적인 교육이 필요합니다.

면허증 소지자는 평생교육을 통해 미래 환경을 개선해야 할 의무자
입니다

## 다이어트

다이어트는 영어로 '식이'입니다.

그러니까 다이어트는 '먹고 살자'입니다.

**세일(Sale)이 살래? 같은 그런 이유**

## 부피 보존의 법칙

아이가 작고 어리면
옷 크기는 작지만
장난감이 매우 크고 많습니다.

아이가 학생이 되면
장난감은 줄고
책은 늘어나며 옷이 커집니다.

성인이 되어 부모가 되면
자신을 위한 취미용품이 줄어들고
가족들을 위한 살림살이가 늘어납니다.

노인이 되면
옛날에 장만한 것을 쓰고
입던 옷만 입고 먹던 음식만 먹습니다.

그래서 나이에 따른 짐 부피는
별로 달라 보이지 않습니다.

**인생 부피 보존의 법칙**

## 설명

어렵게 설명하기는 매우 쉽고
쉽게 설명하기는 몹시 어렵습니다


전문가가 전문가 세상에서만 살면 편한 이유

## 당황과 황당

평상시 남에게 지적질을 참 잘하길래 말 잘하는 줄 알았던 사람이 있었습니다. 그런데, 남 칭찬 한 마디 못 합니다.

'거, 말 참 못하네……'

당황스럽습니다.

평상시 화를 잘 내고 남 욕을 무지 잘하는 사람이 있었습니다. 남이랑 싸워야 할 때 내보냈더니 제대로 지고 옵니다. 거 참, 쓸데도 없습니다.

황당합니다.

**당황스러운 사람과 황당한 사람**

## 인생

말하지 않으면 아무도 몰라줍니다
하지만, 자신은 압니다


**자신이 알아주는 삶**

## 타이밍

인생은 타이밍입니다
운도 준비된 자에게만 옵니다


**인생 참 계획적이어야 하네요**

## 명료

명료한 사실이란
몹시 오랜 노력과 시간이 걸리는 일입니다

명료한 치료는
한 줄 설명으로 끝나지만

명료하지 못한 치료는
수많은 방법이 제안되지만 적절한 치료법이 없습니다

**명료함이란 깊은 노력의 결실**
**명료하지 않다면 그 일은 진행 중일 겁니다**

## 무례

정확한 정보를 주지 않으면서
일을 요청하는 것은 참 무례합니다


**무례한 일들로 피로합니다**

## 습관

반복된 행동은 습관을 만듭니다
욕은 습관입니다
칭찬도 습관입니다
매일 칭찬해 볼까요


**칭찬 습관이 생기길 바라요**

## 문제

인생에서 가장 큰 문제란
문제인지 알지 못해서 생기는
문제입니다


**문제의 아이러니**

## 노화

자꾸 버럭버럭 화를 내거나
더 이상 배우고 익힐 수가 없다면
늙은 것일 수 있습니다


**노화는 매우 쉽게 올 수 있어요**

## 물맛

담는 그릇에 따라
물맛이 달라집니다


사람도 그릇입니다

## 버스

달릴 땐 잠이 오고
막히면 잠이 깹니다


**막히면 그래서 힘든 거군요**

## 통근시간

회사에서 가장 일을 많이 하는 사람들이
가장 먼 곳에 삽니다


**직주근접이 필요한 사회예요**

## 침소봉대

침소봉대란
하찮은 실력과 업적을 과대하게 부풀려
윗자리에 올라가서
자신이 봉인 척하는 것을 말합니다


**세상에 침이 참 많아요**

## 재테크

재테크를 잘하는 가장 쉬운 방법은
돈을 적게 쓰면서
돈을 많이 벌면 됩니다


코로나 시대에는 재테크보다 재택이 중요했습니다만

**기억**

사람들은 불리한 일은 기억이 나지 않는다고 합니다

**그래서, 세상살이가 힘든가 봐요**

**회의**

회의는 할수록 회의적인 사람을 만듭니다

**시간을 아껴 보아요**

## 기억

사람들은 자신이 상대에게 잘해 준 것을 기억합니다
상대방은 타인이 자신에게 서운했던 것을 기억합니다


**서운한 사람이 많아요**

## 전문가란

전문가란 얇고 긴 대롱으로
세상을 아주 좁고 깊게
보는 사람을 말합니다

달리 말하면
전문가는 아는 것 말고도
다 모르는 사람입니다


그래서 살기 힘들었나 봐요
아는 것이 좁아 힘들어요

## 꽈리고추

꽈리고추는
겉보기만 보고는
매운지 안 매운지
알 수가 없습니다
사람도 그렇습니다


**당하고 싶지 않습니다
피하고 싶습니다**

## 비난과 비판

비난은
개선이 없이
감정적 상처만 줍니다

비판은
방향과 개선을 주는
생산적인 것입니다


**비난은 그만하고 비판은 진심으로 해요**

## 말과 글

말은 사라지지만
글은 남습니다


**말보다 글이 소중한 이유**

## 스스로 돕는 자

'하늘은 스스로 돕는 자를 돕는다'라고 합니다
그 말은 아무도 저를 도와주지 않는다는 뜻입니다
제 일을 방해하거나 욕만 하지 않아도 감사합니다


생각의 전환
도와주지 않아도 괜찮아요
방해하지 않으셨으면 해요

## 파블로프의 깜빡이

우리나라 도로에서는 자동차의 왼쪽 깜빡이를 켜고 왼쪽 차선으로 이동하려고 준비를 하면, 앞차가 왼쪽 차선으로 먼저 움직이는 이상한 광경을 많이 봅니다. '남의 떡이 커 보이는 심리'와 '좋은 자리는 내가 먼저'를 느끼는 순간입니다.

**'깜빡이를 켜면 비켜 주지 않을 테다'라는 심리**

## 운전과 출산의 공통점

1. 아무나 다 할 수 있는 것처럼 보입니다
2. 아무나 막 하다가는 죽을 수 있습니다
3. 평생 책임질 것이 생깁니다

**비유하는 즐거움**

## 프로와 아마추어

아마추어는 하고 싶을 때 일을 하고, 어설프게 일을 하고, 좋을 때 일을 하고, 하기 싫으면 일을 안 합니다. 그리고 돈을 받지 않습니다.

프로는 언제든 일을 하고, 끝까지 일을 하고, 좋든 싫든 일을 하고, 몸이 아파도 일을 해서 마무리합니다. 그리고 합당한 보수를 받습니다.

완결성이 그 차이입니다.


### 일은 마무리가 핵심입니다

## 관종

글 쓰는 사람은 관종입니다
글이란 온전히
자신을 남에게 드러내는 행동입니다

첫 독자는 자신입니다
다음 독자는 가까운 지인입니다
그 다음 독자는 낯선 사람입니다

대다수는
자신을 표현하는 것이
부끄럽거나 귀찮거나 무의미하다고 생각해서
글을 쓰지 않습니다

글을 남긴다는 것은
자신을 남기는 것이며
스스로 관종임을 인정하는 것입니다


**글을 씁니다**
**관종임을 인정합니다**

# 5
# 사랑

## 가까운 마음의 거리가 만든 감정들

**오늘 하루**

오늘 하루도 수고 많았어요
이제 푹 쉬도록 해요


**어떤 날은 자신을 소중히 하며 그냥 쉬어 보아요**

## 결혼과 바람의 조건

사람들은 결혼할 사람을 결정할 때, 상대방의 99가지 장점에도 불구하고 한 가지 단점 때문에 결혼을 하지 않기도 합니다

바람피울 상대를 정할 때, 상대방이 99가지 이상의 단점이 있는데도 한 가지 장점 때문에 바람을 피우기도 합니다

사람 마음이 그러네요


**이해하기 어려운 결혼은 적고
이해하기 어려운 바람이 많은 이유**

## 우리 집 가훈

사랑하지만 믿지 않는다

**엄마를 믿지 말고 스스로 잘 해 보아요**

## 대단한 분들

오늘은 어떤 두 분과 식사를 했습니다. 그분들과 이야기를 하는 동안 저는 제 스스로가 매우 쓸모 있고 창조적인 사람이라는 느낌을 받았습니다. 함께 밥을 먹고 나니 기분이 좋고 편안해졌습니다. 저녁에 남편에게 이 기쁨을 털어놓았습니다.

그는 제게 놀라운 한마디를 했습니다.

"나하고 배드민턴 칠 때 어땠어?"

돈오점수처럼 과거가 스쳐 지나갑니다. 그분들은 상대방이 자존감을 높이도록 마음을 담았던 것입니다. 참 대단한 분들이 제 가까이에 있습니다.

**배려하는 사람들이 주는 따뜻한 감정**

## 미움이란

사람들은 가까운 사람을
험담하거나 미워합니다
지금 누군가를 미워한다면
상대방이 가까이 있기 때문입니다


**거리두기가 필요해요**

## 사랑의 전제 조건

만나야 사랑합니다
그래서 가까운 사람을
사랑하기 마련입니다
인간관계의 가까운 거리는
감정의 거리와 유사한가 봅니다


우리 지금 만나요

## 민망

우리 집 아이들은 체중 관리를 하기로 했습니다. 그래서 가족들과 저녁 야식을 안 하기로 했습니다. (가족들의 저녁 야식을 금지하였습니다.) 그런데 저는 늦은 밤 몰래 버터 바른 와플과 핫바를 먹는 중이었습니다. 갑자기 아들 준우가 방문을 열었습니다. 그리고 눈이 마주쳤습니다.

저는 일생일대 민망함을 느꼈습니다.

'얘들아, 엄마는 다이어트 안 해도 되는 거 알지?'라고 말하고 싶었지만…….

**사랑하면 솔선수범해야 하는데 말입니다.**

## 불행한 결혼, 행복한 결혼

이 세상에서 가장 불행한 결혼이란
감사할 줄 모르는 배우자와 한 결혼입니다

돈은 있을 수도 없을 수도 있고
건강은 어쩔 수 없이 변하기도 하는데

고마움을 모르는 배우자는 답이 없습니다

서로에게 감사하는 배우자를 만났다면
그 결혼은 행복한 것입니다


**감사하는 마음**

## 사랑의 거리

남편은 제 사진을 찍을 때 최대한 몸을 낮추며 다리가 길어 보이게 찍어 줍니다. 얼굴과 몸의 비율이 최대한 좋게 보이려면 적당한 거리와 사진사의 자세가 참 중요합니다. 놀랍게도 그는 오직 사진만으로도 모든 보정효과가 다 담깁니다.

아들은 제 사진을 찍을 때 키가 작아 보이게도 찍고 심지어 하의가 없는 직하 모습으로 찍기도 하며, 때론 눈이 감기기도 하고, 가끔은 진정한 실사 사진을 만들어서 저를 놀래키기도 했습니다.

아, 이래서 남편은 0촌, 아들은 1촌이 되었나 봅니다.

**사랑의 거리는 촌수다**

## 끝맺음

어릴 적부터 일기를 쓰기 시작했습니다. 마음이 힘든 날에는 도서관 책 속에 숨어 남들의 마음을 엿보기도 했습니다. 여전히 타인의 마음을 잘 알지 못합니다. 게다가 말로 마음을 잘 전달하지 못합니다. 어른은 되었지만 세상살이가 여전히 어렵습니다.

지금도 스트레스가 많은 날에는 더 많은 글을 씁니다.

미래는 어떻게 될까 상상하며 글을 씁니다. 삶에서 중요한 사랑, 존재, 가치를 떠올리며 기록합니다. 어떤 말이나 단어의 의미를 생각하며 저만의 '정의'를 기록합니다. 때때로, 피로한 날에는 힘들어 글로 자신을 위로합니다.

그렇게 평범한 일상은 기록으로 남아 매우 특별한 순간이 되었습니다. 기록에는 기록한 날의 마음과 시간이 담깁니다. 그 많은 마음 중 일부를 모아 작은 책을 한 권 발간합니다. 이 글을 읽으시는 분들도 평범한 일상이 특별해지기를 바랍니다.